Mi primer libro sobre
Picasso

*A Claudia y Diego, en quienes pensaba
mientras escribía estas letras.*

© Del texto: Rafael Jackson, 2014
© De las ilustraciones: Maria Espluga, 2014
© De esta edición: Grupo Anaya, S.A., 2014
Juan Ignacio Luca de Tena, 15. 28027 Madrid
www.anayainfantilyjuvenil.com
e-mail: anayainfantilyjuvenil@anaya.es

Primera edición, marzo 2014
Segunda edición, marzo 2015

ISBN: 978-84-678-6113-6
Depósito legal: M-3656-2014

Impreso en España - Printed in Spain

Las normas ortográficas seguidas son las establecidas
por la Real Academia Española en la
Ortografía de la lengua española, publicada en el año 2010.

Mi primer libro sobre
Picasso

Rafael Jackson

Ilustraciones de Maria Espluga

Pablo Picasso fue un pintor muy famoso.

Desde que era pequeño lo observaba todo con mucha atención. A pesar de que a su madre no le gustaba que mirara a la gente con tanto descaro.

El padre de Pablo, don José, daba clases de dibujo.

A Pablo le gustaba hacer garabatos en las hojas imitando a su padre.

Don José corregía los dibujos de su hijo y le enseñaba las reglas de la pintura.

Cuando Pablo cumplió catorce años, su padre le dio una buena noticia: lo habían aceptado en una escuela de pintura de Barcelona, donde él trabajaba.

Pablo quería ser pintor, pero no como su padre. Quería inventar nuevas formas de dibujar.

Por eso, Pablo no estuvo mucho tiempo en la escuela de pintura.

A su padre no le gustó que dejara de estudiar y tampoco que cambiara su forma de pintar.

Picasso decidió irse a París, que era el lugar donde todo artista quería vivir en aquel momento.

Fue entonces cuando comenzó a pintar con azules, violetas y grises. Había nacido la «época azul» en su pintura.

En París, Picasso se enamoró de la bella Fernande y conoció al poeta Guillaume Apollinaire, quien le enseñó el mundo del circo.

Entre arlequines y acróbatas, entre las bromas que gastaba Apollinaire y el amor de Fernande, Picasso fue sustituyendo poco a poco el azul por el rosa.

Un día, Picasso fue al museo del Trocadero para ver obras de arte africano. Lo que allí vio no eran esculturas corrientes, daban un poco de miedo.

Enseguida se puso a dibujar las esculturas, y encontró la inspiración para terminar un cuadro que llevaba pintando varios meses.

El cuadro era enorme. Había cinco mujeres en distintas posturas, y sus cabezas recordaban a las esculturas africanas.

Al ver el resultado, más de uno pensó que Picasso se había vuelto loco.

Este cuadro se llamó *Las señoritas de Avignon,* y es uno de los más importantes de la historia.

Picasso siguió investigando en su forma de hacer arte.

Pronto, las personas, los animales o las cosas que aparecían en sus cuadros tuvieron formas geométricas. Como la mayoría de las formas era cubos, se puso de moda llamar a esas pinturas «cubistas».

Lo importante era que todo lo que pintaba Picasso parecía que se veía desde distintos lugares a la vez.

Si pintaba por ejemplo una jarra, la gente podía verla de frente, de perfil, desde arriba, desde abajo y desde atrás… ¡al mismo tiempo!

Con el paso del tiempo, la gente fue aceptando el cubismo. Picasso ya no era solo un artista: era un personaje famoso, y vivía tranquilamente en Francia.

Hasta que un día se enteró de que en España había estallado una guerra y un escuadrón de aviones alemanes había bombardeado la ciudad de Guernica.

Su dolor e indignación lo llevaron a pintar uno de los cuadros más importantes de todos los tiempos: *Guernica*.

Picasso decidió utilizar tonos blancos, negros y grises. Eran los mismos colores que había visto en las fotografías de los periódicos.

Después de pintar el *Guernica*,
su fama fue aumentando día tras día.
A su casa llegaban periodistas, turistas
y entendidos en arte. Él siempre los
recibía.

Picasso siguió trabajando sin descanso en sus pinturas, esculturas y cerámicas. Y observaba el mundo con los mismos ojos que cuando era pequeño.

Logró que miráramos las cosas de otra manera y, desde entonces, la pintura cambió para siempre.